Manual

Autora: Thaís Brito Vilela
Coordenação e Idealização
do Projeto Gráfico: Andréia Roma

CARD GAME
EU e minha DOR

Editora Leader.

O QUE É O JOGO

Esse baralho é um instrumento de avaliação, conceituação, planejamento e intervenção psicológicas. Por meio dele, profissionais da saúde e de outras áreas podem trabalhar com pessoas que se queixam de dores, sejam elas físicas e ou psíquicas e que têm reproduzido comportamentos disfuncionais que os afastam da vida que sonham em ter.

Todas as questões que o constituem foram escolhidas a partir dos principais conceitos hoje utilizados por teorias psicológicas contextuais. As figuras utilizadas nesse baralho representam de forma metafórica e por meio de analogias "dores" e situações geradoras de sofrimentos que frequentemente aparecem como queixas na clínica de profissionais de saúde mental.

O jogo "Eu e minha DOR" tem como objetivo despertar o jogador para a posição de vida em que ele se encontra através de perguntas abertas que possibilitam mudança de perspectiva e transformação de contexto. Além de facilitar a identificação de pensamentos, emoções, memórias e impulsos limitantes, através desse baralho é possível traçar novos caminhos em direção a uma vida significativa por meio da implementação de ações funcionais.

A IMPORTÂNCIA DO JOGO NO ATENDIMENTO

A utilização desse baralho pode tornar a compreensão dos casos analisados mais funcionais e mais didáticas, além de ilustrativas. Esse instrumento pode instigar e reforçar flexibilização, desfusão, implementação de ações comprometidas, definição de valores, entre outros processos presentes na Terapia de Aceitação e Compromisso (Hayes, Pistorello & Biglan, 2008). O profissional pode utilizá-lo para organizar atendimentos, definir metas e uma agenda terapêutica, além de ilustrar a evolução do caso para o cliente. A utilização das cartas torna o atendimento mais completo e visual, uma vez que, é possível observar a direção que cada ação, somada a outra, leva o cliente.

Temas como transtornos alimentares, relacionamentos, divórcio, orientação vocacional e transição de carreira, liderança, luto, dor crônica, abuso físico e moral, autoestima, e longevidade e preparação para a aposentadoria podem ser trabalhados através desse baralho. Ao chegar ao fim da formação das cartas, as pessoas que o jogam, independentemente da queixa, terão compreendido quais ações os afastam de uma vida significativa e quais as direcionam para a vida que elas sonham em ter.

DOMÍNIOS QUE PODEM SER TRABALHADOS COM O JOGO:

Liderança

Através desse jogo é possível trabalhar aspectos que estão envolvidos no processo de liderança e que trazem prejuízos tanto para o responsável quanto para a equipe.

Lacunas na comunicação com liderados, dificuldades de relacionamento interpessoal entre a equipe, falta de ferramentas de gestão, mau gerenciamento do tempo, falta de foco, excesso de trabalho e pressão constante por resultadossão alguns dos problemas enfrentados pelos líderes e que podem ser melhor compreendidos e direcionados de forma funcional através do baralho.

As cartas que permitem essa avaliação são as figuras seguidas das cartas azuis e laranja a seguir descritas:

- Carta com imagem de uma bifurcação: valores e metas.
- Carta com uma pessoa entre uma bagunça: rotina e autocuidado.
- Carta com um homem cheio de preocupações: catastrofização, fusão, autocompaixão e momento presente.
- Carta com uma pessoa gritando com outra: comunicação, ganhos secundários e autopiedade.

Relacionamentos

Dificuldades enfrentadas nos relacionamentos como comunicação violenta, falta de abertura para expressão de problemas, traição, isolamento de um dos parceiros, dificuldades sexuais, culturas e crenças diferentes sobre a vida a dois ou sobre a criação dos filhos, além de sensações de desamparo, rejeição e abuso, muitas vezes relatados em consultório psicológico, podem ser trabalhados através do baralho.

As cartas que permitem essa avaliação são as figuras seguidas das cartas azuis e laranjas abaixo descritas:

- Carta com uma pessoa gritando com outra: co-

municação e ganhos secundários.
• Carta com uma pessoa sozinha dentro de uma casa: esquiva, isolamento, julgamento, disposição, hipervigilância e autopiedade.
• Carta com um martelo: regras, autocompaixão e flexibilidade.
• Carta com uma pessoa desaparecendo: valores e comunicação.

Orientação profissional e Transição de carreira

Os desafios enfrentados por pessoas que estão em fases da vida que lhes exigem escolher uma profissão a ser seguida ou encerrar uma carreira e começar outra são geradores de sofrimento psicológico. Por meio desse baralho, é possível incentivar a tomada de decisão tendo como foco a vida que tanto deseja. Dessa forma, o jogador irá se guiar por cartas que trabalham as suas maiores dificuldades nesse momento de indecisão e possível congelamento.

As cartas que permitem essa avaliação são as figuras seguidas das cartas azuis e laranja descritas a seguir:

• Carta com uma pessoa sozinha dentro de uma

casa: esquiva, isolamento, disposição, hipervigilância, ganhos secundários.
• Carta com um martelo: regras, julgamentos, autocompaixão, autopiedade e flexibilidade.
• Carta com imagem de uma bifurcação: valores e metas

Autoestima

Estar satisfeito consigo mesmo e confiante em suas ações e opiniões perpassa por uma avaliação subjetiva que é constantemente realizada em consultórios psicológicos. A utilização de um baralho com perguntas e imagens pode estimular o jogador a emoldurar de forma funcional os autojulgamentos, regras e até mesmo metas.

As cartas azuis, com setas para a direita, podem ser guias numa direção de vida mais valorizada e com mais autoestima.

As cartas que permitem essa avaliação são as figuras seguidas das cartas azuis e laranja abaixo descritas:

• Carta com um homem cheio de preocupações: catastrofização, fusão, autocompaixão e momento presente.

• Carta com uma pessoa sozinha dentro de uma casa: esquiva, isolamento, julgamento, disposição, hipervigilância, ganhos secundários e autopiedade.
• Carta com um martelo: regras e flexibilidade.
• Carta visão do corpo distorcida: regras, julgamentos, fusão, esquiva, isolamento social, autocuidado, autocompaixão.

Dor crônica

O trabalho com pacientes que sofrem com dor crônica envolve a diminuição dos impactos físicos e psíquicos gerados pela dor (BUSE et al., 2012; MAZO & ESTRADA, 2018). Esse baralho pode contribuir com o trabalho do profissional que atende pessoas que sofrem com fibromialgia, enxaqueca crônica, lombalgias, dores miofaciais, herpes zoster, entre outras causas de dor, suas comorbidades psiquiátricas e seus impactos sociais e financeiros.

As cartas que permitem essa avaliação são as figuras seguidas das cartas azuis e laranja descritas a seguir:

• Carta com as interrogações: o que você sente?

Como você se sente? O que você pensa sobre o que sente?
• Carta com uma pessoa sozinha dentro de uma casa: esquiva, isolamento, disposição, hipervigilância e ganhos secundários.
• Carta com um martelo: regras, julgamentos, autocompaixão, autopiedade e flexibilidade.
• Carta com muito remédio: abusos e autocuidado.
• Carta com uma pessoa gritando com outra: comunicação, ganhos secundários e autopiedade.

Transtornos alimentares

Alterações na forma de se alimentar, preocupação excessiva com o peso e com a aparência do corpo, além do uso frequente de laxantes, evitação de lugares que oferecem comida e consequente isolamento social, e dificuldades de relacionamento são algumas das características mais comuns dos transtornos alimentares (American Psychiatric Association - APA, 2011).

Por meio desse baralho, é possível ajudar as pessoas que sofrem com esses transtornos a diminuírem as consequências graves que os acompanham e compreender os comportamentos que os afastam da vida que eles tanto desejam.

Transtornos como anorexia, bulimia, compulsão alimentar, ortorexia, vigorexia, entre outros, têm a psicoterapia como o tratamento de primeira linha em conjunto com outros profissionais (SOUZA, 2011). O baralho facilita a identificação dos comportamentos disfuncionais presentes e a compreensão dos pensamentos, emoções e sensações que os acompanham.

As cartas que permitem essa avaliação são as figuras seguidas das cartas azuis e laranja abaixo descritas:

• Carta com um martelo: regras, julgamentos, autocompaixão, autopiedade e flexibilidade.
• Carta com muito remédio: abusos e autocuidado.
• Carta visão do corpo distorcida: regras, julgamentos, autopiedade, fusão, esquiva, isolamento social, autocuidado, autocompaixão.

Longevidade e Preparação para a aposentadoria

O trabalho com a população idosa, familiares e cuidadores formais envolve a desconstrução de tabus e crenças limitantes. A medida que envelhecemos, nos deparamos com mudanças físicas, comportamentais e cognitivas que nos exigem formas de adaptação (NERI, 2013). Porém, é igualmente importante na velhice manter independência, autonomia e identidade dos indivíduos. O baralho pode ser um instrumento de desconstrução de crenças limitantes, disposição para se envolver em novas práticas por meio da aposentadoria e flexibilização para mudar direções e diminuir níveis de julgamentos e regras rígidas.

As cartas que permitem essa avaliação são as figuras seguidas das cartas azuis e laranja abaixo descritas:

• Carta com um martelo: regras, julgamentos, autocompaixão, autopiedade e flexibilidade.
• Carta com uma pessoa sozinha dentro de uma casa: esquiva, isolamento, julgamento, disposição, hipervigilância, ganhos secundários e autopiedade.

Divórcio

O divórcio, considerado uma crise, envolve níveis de sofrimento emocional, legal, parental e comunitário (CRUZ; MACIEL; RAMIREZ, 2005 apud SILVEIRA, 2004). Por meio do baralho, é possível atravessar junto com o cliente esse período de difícil manejo e de elevado estresse e sofrimento psicológico.

As questões que constituem o jogo podem ser utilizadas para avaliar autojulgamentos e regras rígidas, dificuldades de comunicação, fusão com os problemas, esquiva diante da possibilidade de retomada da relação e ou envolvimento com pessoas novas.

As cartas que permitem essa avaliação são as figuras seguidas das cartas azuis e laranja abaixo descritas:

• Carta com um martelo: regras, julgamentos, autocompaixão, autopiedade e flexibilidade.
• Carta com uma pessoa sozinha dentro de uma casa: esquiva, isolamento, julgamento, disposição, hipervigilância, ganhos secundários e autopiedade.
• Carta com uma pessoa gritando com outra: comunicação, ganhos secundários e autopiedade.
• Carta da pessoa desaparecendo: comunicação, isolamento social.

Luto

Por meio desse baralho, o profissional pode acolher e compreender os sentimentos, pensamentos, memórias e impulsos que estão fisgando o cliente nesse momento de perda. É possível identificar as fases nas quais o cliente se encontra, como ele está fundido nas mesmas e pouco flexível para tomar decisões e caminhos diferentes a partir do infortúnio. Disposição para sentir autocompaixão e autocuidado podem ser pontos importantes de reflexão nesse período.

As cartas que permitem essa avaliação são as figuras seguidas das cartas azuis e laranja abaixo descritas:

• Carta da pessoa desaparecendo: isolamento social, disposição.
• Carta com uma pessoa sozinha dentro de uma casa: esquiva, hipervigilância, autopiedade, fusão.
• Carta com um homem cheio de preocupações: catastrofização, fusão, autocompaixão e momento presente.
• Carta com uma tempestade em alto mar: ancoragem.

Abuso físico, moral, psicológico

A compreensão do tipo de abuso presente

na queixa do cliente pode ser seguida da análise de quais pensamentos, sensações, impulsos, memórias e sentimentos ainda estão presentes.

Além da identificação de regras e julgamentos, é possível, através do baralho, gerar reflexões sobre esquivas comportamentais, isolamento social e fusões que afastam o cliente da vida que ele tanto deseja, apesar das experiências difíceis vividas.

Aproximar o cliente de metas, comportamentos de autocuidado e autocompaixão, organização de rotina e identificação de valores, pode modificar a sua perspectiva de vida e fazê-lo enxergar-se como uma pessoa diversa e não somente como alguém que sofreu um abuso.

As cartas que permitem essa avaliação são as figuras seguidas das cartas azuis e laranja abaixo descritas:

• Carta com uma pessoa sozinha dentro de uma casa: esquiva, autopiedade e fusão.
• Carta com imagem de uma bifurcação: valores e metas.
• Carta com uma pessoa entre uma bagunça: rotina.
• Carta com um homem cheio de preocupações: catastrofização, fusão, autocompaixão e momento presente.

• Carta com uma tempestade em alto mar: ancoragem, autocuidado.

Obs: em todos os domínios trabalhados é possível utilizar as seguintes cartas:
• Carta espiral
• Carta + Ações
• Carta + Habilidades
• Carta peixe fisgado
• Carta ponto de partida

MODO DE USAR

O baralho é composto por 76 cartas que são divididas em 8 categorias, 30 cartas me afasta, 30 cartas me aproxima, 1 carta ponto de partida, 1 carta + ações, 1 carta + habilidades, 10 cartas figuras, 1 carta coringa, 1 carta espiral, 1 carta dor física. As cartas laranja representam ações que afastam as pessoas que se queixam de alguma dor (física ou psíquica) da vida que elas gostariam de ter. Em contrapartida, as cartas azuis representam atitudes que levam a uma vida valorizada. A carta ponto de partida inicia a formação das setas através da citação da demanda principal do paciente (dor). As cartas figuras representam, por meio de imagens, situações que geram sofrimento e ou moderam comportamentos que afastam as pessoas da vida que elas sonham em ter. As cartas ilustradas com um peixe fisgado e a outra com uma espiral levantam questionamentos sobre pensamentos, emoções, sensações, impulsos e memórias difíceis com os quais os pacientes costumam se emaranhar e logo, emaranhados, se veem numa espiral. A carta dor física avalia e permite maior compreensão sobre as diferentes dimensões da dor (BOUCKENAERE, 2007). Ela será usada diante da presença de queixas de dor física. Por fim, as cartas + Ações e + Habilidades, ilustradas, cada uma com 3 setas, possibilitam o questionamento sobre mais ações e mais habilidades que podem aproximar o paciente da vida que ele deseja ter.

     Em uma superfície plana organize as cartas azuis e laranja com o verso para cima de modo a se posicionarem em lados diferentes, uma de cada cor, para a direita (azuis) e para a esquerda (laranja). Cada carta, seja ela laranja e/ou azul, faz parte de um subgrupo. O modo de iniciar o jogo equivale a jogos de "achar pares", você começa com as cartas viradas para baixo. As cartas laranja devem ficar viradas com o verso para cima formando a seta laranja em direção esquerda. Já as cartas azuis constituirão a seta da direita.

Após a organização das setas laranja e azuis, posicione a carta com o escrito no verso "ponto de partida", na base e ou entre as cartas com setas. Logo em seguida, posicione as cartas figuras abaixo da formação, uma ao lado da outra, com as figuras viradas para cima. As 5 cartas diferentes podem ficar agrupadas próximas a setas, com o verso para cima, antes de começar a dinâmica.

Inicie solicitando ao paciente que escolha uma figura. Vire a carta escolhida e faça a pergunta ali presente. Após a resposta, você pode iniciar o jogo, virando a carta "peixe fisgado" e investigar pensamentos, e suas derivações que estão relacionadas a dor do paciente. Após isso, continue o jogo virando a carta "ponto de partida", demonstrando a situação problema e partindo da carta (laranja ou azul) que melhor representa a dor do paciente e que pode ajudá-lo a perceber comportamentos disfuncionais e atitudes que podem lhe guiar na direção da vida que tanto deseja. Ao final da reflexão proporcionada pelas perguntas de cada subgrupo de cartas laranja, você pode revelar a carta "espiral" e questionar se essas ações colocam o paciente numa vida de ciclos disfuncionais. Da mesma forma, ao final da reflexão resultante dos subgrupos das cartas azuis, revele as cartas + Ações e estimule a emissão de mais ações e habilidades.

A carta dor física será usada em caso de queixas de dor física para maior compreensão de como o paciente percebe a sua dor (O que você sente? Como você se sente? O que você pensa sobre o que sente?).

Após a discussão inicial, comece a virar cartas laranja e azuis ao modo escolhido. Você pode escolher trabalhar com as cartas laranja ou azuis, ou com uma carta de cada cor concomitantemente. Isso pode variar de acordo com o que você, profissional, ou o seu paciente gostaria de trabalhar. Em uma sessão de avaliação, por exemplo, você pode virar todas as cartas apenas para levantar questionamentos sobre o paciente e escolher trabalhar cada conceito em diferentes sessões. Você pode utilizar o baralho da maneira que mais funcionar para você e para o seu paciente.

Obs.: segue abaixo sugestões de possíveis associações entre as imagens contidas nas cartas figuras com ações presentes nas cartas azuis e laranja.

- Carta com imagem de uma bifurcação: valores e metas.
- Carta com uma pessoa entre uma bagunça: rotina e autocuidado.
- Carta com um homem cheio de preocupações: catastrofização, fusão, autocompaixão e momento presente.
- Carta com uma tempestade em alto mar: ancoragem e autocuidado.
- Carta com uma pessoa sozinha dentro de uma casa: esquiva, isolamento, julgamento, disposição, hipervigilância, ganhos secundários e autopiedade.
- Carta com um martelo: regras, julgamentos, autocompaixão, autopiedade e flexibilidade.
- Carta com muito remédio: abusos e autocuidado.
- Carta com uma pessoa gritando com outra: comunicação, ganhos secundários e autopiedade.
- Carta pessoa desaparecendo: comunicação, isolamento social, valores, disposição.
- Carta visão do corpo distorcida: regras, julgamentos, autopiedade, fusão, esquiva, isolamento social, autocuidado, autocompaixão.

BASES TEÓRICAS

O modelo do baralho em formato de setas foi baseado na ferramenta terapêutica *Choice point* criada por Bailey, Ciarrochi e Harris em 2013, que pode ser utilizada de várias formas a fim de facilitar e aprofundar o processo terapêutico. A grande diferença do *choice point* está na análise de comportamentos que podem afastar as pessoas da vida que elas querem ter e não na compreensão do conteúdo de pensamentos, sentimentos, memórias e sensações difíceis.

Russ Haris, criador principal do *choice point* atua e leciona com base na Terapia de Aceitação e Compromisso (ACT), que foi fundada, em 1987, pelo norte-americano Steven Hayes e colaboradores. Essa teoria acredita no uso enfático de estratégias de mudanças contextuais e experienciais, além das estratégias de caráter menos diretivas e didáticas.

Na minha prática clínica, com a utilização da Terapia de Aceitação e Compromisso, tenho observado ganhos significativos quando aspectos como autocompaixão, técnicas de relaxamento e *mindfulness*, organização de rotina, treino de habilidades sociais e comunicação assertiva, higiene do sono, entre outros, associados compreensão do significado da dor e identificação de valores fazem parte do processo de conceituação do caso do paciente.

CARTAS

carta laranja | carta azul | carta espiral

carta coringa | carta ponto de partida | carta + ações

carta + habilidades | carta imagens

AUTORA

Meu nome **Thaís Brito Vilela**, sou graduada em Psicologia pela Universidade Federal da Bahia e especialista em saúde do idoso através do programa de residência multiprofissional do Hospital das Clínicas da Universidade Federal de Minas Gerais (UFMG). Durante a residência multiprofissional, dei início ao trabalho com pacientes que sofrem com dor crônica em leitos hospitalares, ambulatórios de dor e de cuidados paliativos e em unidades básicas de saúde da cidade de Belo Horizonte. Após dois anos de contato com esse público, decidi ampliar os meus conhecimentos através do mestrado em Psicologia: Cognição e Comportamento pela UFMG. Durante o mestrado, participantes da minha pesquisa, formada por idosos e cuidadores informais, relataram sofrer com dores crônicas provenientes de diversas causas. Antes de encerrar o mestrado, decidi abrir o meu consultório particular em conjunto com um neurologista que tem como foco o atendimento de pessoas que sofrem com dor crônica. Na nossa clínica, atendemos diariamente diferentes demandas relacionadas a dor crônica e isso me impulsionou a ingressar no doutorado de Medicina

Molecular da UFMG. Há dois anos tenho realizado pesquisas bibliográficas e em campo com pacientes que sofrem com migrânea crônica e isso fortaleceu o reconhecimento de padrões comportamentais que aproximam as pessoas da vida que elas desejam ter e quais as afastam. Por fim, desejei construir esse instrumento, impulsionada pela formação em Terapia de Aceitação e Compromisso realizada no espaço Contextualmente na cidade de Belo Horizonte. O contato com essa teoria, associada à minha experiência, tem mudado significativamente a vida dos meus pacientes e eu gostaria de levar isso para o consultório de outros profissionais.

COORDENAÇÃO E IDEALIZAÇÃO DO PROJETO GRÁFICO

Andréia Roma
CEO Editora Leader e Especialista no desenvolvimento de dinâmicas para jogos.

www.editoraleader.com.br

REFERÊNCIAS

American Psychiatric Association. (2011). Practice guideline for the treatment of patients with eating disorders. Washington, DC: Author. Retrieved January 2, 2011, from .

BUSE D, SILBERSTEIN S, MANACK A, PAPAPETROPOULOS S & LIPTON R (2013). Psychiatric comorbidities of episodic and chronic migraine. Journal of Neurology 260 (8), 1960-1969.

CRUZ, Roberto M.; MACIEL, Saidy K.; RAMIREZ, Dario C. O trabalho do psicólogo no judiciário. São Paulo: Casa do Psicólogo, 2005.

HAYES, Steven C.; PISTORELLO, Jacqueline; BIGLAN, Anthony. Terapia de Aceitação e Compromisso: modelo, dados e extensão para a prevenção do suicídio. Rev. bras. ter. comport. cogn., São Paulo v. 10, n. 1, p. 81-104, jun. 2008. Disponível em <http://pepsic.bvsalud.org/scielo.php?script=sci_arttext&pid=S1517-55452008000100008&lng=pt&nrm=iso>.

LATYSHEVA, N., FILATOVA, E., OSIPOVA, D., & ALEXEY B. (2020). Cognitive impairment in chronic migraine: a cross-sectional study in a clinic-based sample. Arquivos de Neuro-Psiquiatria, 78(3), 133-138. Epub March 30,

2020.https://dx.doi.org/10.1590/0004-282x20190159

NERI A. L. Conceitos e teorias sobre o envelhecimento. In: Fuentes D., Malloy-Diniz L. F., Cosenza R. M., organizadores. Neuropsicologia do envelhecimento. Porto Alegre, Artmed; 2013. p. 17-42.

SOUZA, L. V. (2011). Construindo cuidado: a relação com os profissionais da saúde nas práticas discursivas de pessoas diagnosticadas com transtornos alimentares. Tese de doutorado não-publicada, Programa de Pós-Graduação em Psicologia, Universidade de São Paulo, Ribeirão Preto.

ANEXO
(Modelo do *choice point* desenvolvido por Russ Harris)

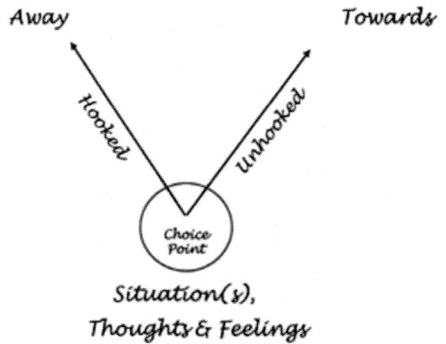